Learn Portuguese By Podcast

The Portuguese Teacher

TABLE OF CONTENT

Introduction

This book accompanies the Portuguese conversations recorded in Podcast style. The conversations aim to help you improve your comprehension skills in the language. If you are experiencing difficulty in expressing yourself in this beautiful language, then Learn Portuguese by Podcast is definitely what you are looking for!

Podcasting is a very effective way of learning and practicing a foreign language. So forget boring language drills – my Learn Portuguese by Podcast series will allow you understand and speak Brazilian Portuguese with confidence.

GET THIS SIMPLE, PRACTICAL METHOD AND START LEARNING TODAY!

·10 podcasts scripts inside this book.

·Audio material is totally free!

· Conversation topics are relevant and interesting.

·Intermediate level although some of the topics can be easily understood by beginners.

This book will enable you to MASTER the vocabulary and expressions that will enable you to speak Brazilian Portuguese like a native.

Informações Pessoais

Irineu: Bom dia, Elena!

Elena: Bom dia, Irineu tudo bem?

Irineu: Tudo bom, Elena e você?

Elena: Tudo bem, aqui no Brasil o verão chegou de vez!

Irineu: Pois é Elena e aqui na Europa o inverno está chegando, cada dia mais frio!

Elena: Que delícia pensar nisso agora sentindo esse calor aqui.

Irineu: Que saudades do sol do Brasil! Muito bem Elena, você hoje vai ser a apresentadora, vai me fazer perguntas ok?

Elena: Sim, desta vez sou eu quem vai perguntar para você! Então Irineu, gostaria que você falasse sobre você, as suas informações pessoais. Qual é o seu nome completo?

Irineu: Meu nome completo é Irineu De Oliveira Jnr.

Elena: E como se soletra o seu sobrenome?

Irineu: Ah....De Oliveira se soletra: D -E - O-L- I –V- E- I –R- A

Elena: Legal e de onde você é?

Irineu: Sou original do Brasil, de São Paulo.

Elena: Quantos anos você tem?

Irineu: Tenho trinta e dois anos.

Elena: Quando é o seu aniversário?

Irineu: O meu aniversário é no dia 10 de março.

Elena: OK, onde você mora atualmente?

Irineu: Atualmente moro na cidade de Glasgow, na Escócia.

Elena: Qual é o seu número de telefone?

Irineu: O meu número de telefone é o 2324 - 6768. Mas é claro que esse número não é o meu número de telefone.

Elena: (risos..) Ok, o que você faz? – Qual é a sua profissão?

Irineu: Eu sou professor de línguas, escritor e tradutor.

Elena: Multe tarefas, muito bem. E há quantos anos trabalha com essas profissões?

Irineu: Eu comecei como professor mais ou menos 10 anos atrás, também como tradutor e escritor há mais ou menos uns 5 anos.

Elena: Muito bem, bastante experiência, Irineu!

Irineu: Sim, estou progredindo né?

Elena: Ok, Irineu. Muito obrigada pelas suas respostas, este podcast vai terminando por aqui e até a próxima Irineu, tchau!

Irineu: Até a próxima, Elena. Tchau!

INWAZJA HOLÉNDROW WA BRAZYLIE

A Invasão Holandesa No Brasil

Irineu: Alô, Elena!

Elena: Alô, quem está falando?

Irineu: Bom dia Elena, é o Irineu!

Elena: Bom dia Irineu, como vai?

Irineu: Muito bem, Elena.

Elena: Que bom! Feliz demais com o encontro.

Irineu: Dormiu Bem?

Elena: Dormi bem e você?

Irineu: Mais ou menos.

Elena: Por quê?

Irineu: Não dormi muito, acho que estava ansioso para fazer esse podcast.

Elena: Encontro marcado.

Irineu: Encontro marcado aqui no Skype!

Elena: É isso aí!

Irineu: Muito bem, hoje nós vamos falar um pouquinho sobre história.

Elena: Ah sim! História é muito interessante!

Irineu: Muito interessante a história, né. Na verdade a história que as escolas contam de um jeito, a mídia conta de outro, os livros conta de outro. Ninguém se entende nessa história.

Elena: É verdade! Eu tive uma professora de história que dizia "quem contou a história foram os vencedores"

Irineu: (risos...) Muito boa essa, Elena! Gostei!

Irineu: Então Elena, hoje vamos falar sobre a parte nordeste do Brasil, que foi conquistada pelos holandeses, você sabia disso?

Elena: Nossa que interessante! O nordeste é maravilhoso viu? Tem praias fenomenais, é incrível!

Irineu: E você sabia que os holandeses ocuparam por mais de 30 anos a parte nordeste do Brasil?

Elena: É mesmo?

Irineu: Sim!

Elena: E como foi que isso aconteceu?

Irineu: Olha só Elena, os holandeses eram parceiros comerciais de Portugal.

Elena: Sim.

Irineu: O que acontecia, Portugal tinha o território brasileiro onde tinham plantações de cana que eram utilizadas para fazer açúcar e naquela época, açúcar era como se fosse ouro, né?!

Elena: Era uma raridade, né? Não tinha no mundo inteiro.

Irineu: Sim. Eles vendiam o açúcar para o mercado europeu e para outros mercados mundiais.

Elena: Sim.

Irineu: A Holanda era parceira de Portugal e funcionava do seguinte modo: A Holanda era responsável pela construção das instalações que naquela época eram os engenhos, né? Eles entravam com o capital e Portugal entrava com o território.

Elena: Sim.

Irineu: E o que acontecia: os portugueses faziam as plantações, os holandeses pegavam as plantações, transformavam a cana em açúcar e também investiam em vender esse açúcar para o mercado europeu.

Elena: Que interessante! Fazia bem para os dois lados, né?

Irineu: Fazia bem para os dois lados. A Holanda vendia o açúcar e ficava com a maior parte do dinheiro.

Elena: Esperta, hein?

Irineu: Mas na verdade, se você for pensar bem, eles entravam com capital, entravam com as instalações, com os engenhos e Portugal só entrava com o trabalho, com a cana, com a matéria-prima.

Elena: Claro. Isso é até hoje. Dinheiro gera mais dinheiro.

Irineu: Exato! E aí o que acontece: Portugal era um reino independente da Espanha, mas com a morte do rei de Portugal não havia ninguém para ocupar o trono do império português. Como ninguém pôde ocupar o cargo, o rei da Espanha ocupou o cargo e se tornou rei de Portugal também.

Elena: Esperto ele! E aí qual foi o problema disso para a Holanda?

Irineu: Então, a Holanda, poucos anos atrás, tinha se tornada independente da Espanha.

Elena: Ah tá!

Irineu: A Holanda pertencia à Espanha, era parte da colônia espanhola.

Elena: E aí já teria uma rixa entre eles, então?

Irineu: Sim. Os holandeses por meio de uma guerra, venceram a Espanha com a ajuda dos ingleses né?

Elena: Sim.

Irineu: E se tornaram inimigos.

Elena: Ah, Sim.

Irineu: Então, depois que o rei de Portugal morreu e o rei da Espanha conquistou Portugal, a Espanha proibiu o comércio entre Portugal e a Holanda.

Elena: Olha só!

Irineu: Só que, o que acontece, a Holanda tinha muitos interesses, não só na América do Sul, como na África, na Ásia.

Elena: Com certeza. A Holanda queria ganhar dinheiro.

Irineu: Isso! Então imagina só aquela fonte de renda lucrativa da Holanda, de repente, de um dia para o outro ser... né?

Elena: Ah sim, faria muita falta, né?!

Irineu: Sim. Então o que acontece: como os holandeses não conseguiram por meio de negócio, eles falaram: se não vamos conseguir por meio de negócios, vamos conseguir por meio da invasão, vamos invadir.

Elena: Ah é? Não vai por bem, vai por mal!

Irineu: Isso! Ou você deixa eu jogar, ou eu furo a bola.

Elena: É verdade! É assim que funciona.

Irineu: Ou ninguém joga!

Elena: Ninguém joga. Pego a bola e vou embora.

Irineu: Exatamente! Então os holandeses invadiram o Brasil, fizeram uma tentativa e não conseguiram - que foi na Bahia.

Elena: Não foi no Brasil inteiro?

Irineu: Não, não foi no Brasil inteiro, foi só na parte nordeste do Brasil porque era a parte onde se tinha a maior produção de açúcar do mundo.

Elena: Entendi, olha!

Irineu: Então, era um negócio muito lucrativo.

Elena: O nordeste era realmente muito interessante.

Irineu: Sim. E os holandeses tentaram conquistar o Brasil pela Bahia e não conseguiram e depois eles fizeram uma onda de invasões simultaneamente na Angola e no nordeste brasileiro. Por quê? Porque como o nordeste brasileiro era o maior produtor de açúcar do mundo, ele precisava de quê? De escravos né? Como o império holandês não tinha muitos escravos - porque eles dependiam de Portugal para mandar escravos para eles -

Elena: Ah...

Irineu: Eles invadiram a Angola para ter a mão de obra que eram os escravos da Angola.

Elena: Ah sim

Irineu: Se você ver no mapa, é um caminho curto da Angola ao Brasil é só atravessar o mar que você vai chegar lá.

Elena: Deram um jeito, então.

Irineu: Sim, os holandeses invadiram o nordeste e queriam transformar, e na verdade transformou, Recife na capital das Américas.

Elena: Ah é verdade! Eles investiram muito lá?

Irineu: Eles investiram bastante. Eles trouxeram cientistas, artistas, escritores, que relatavam como era o Brasil dominado pelo portugueses e também tentaram conquistar né.. a população local promovendo valores, como por exemplo; a igualdade entre portugueses, brasileiros e holandeses, a liberdade religiosa. A colônia portuguesa era toda católica, os holandeses, a maioria deles eram judeus e protestantes.

Elena: Ah é mesmo?

Irineu: Sim.

Elena: É o mundo era assim, a base de guerras e domínios.

Irineu: Domínios, exatamente!

Elena: De novos territórios.

Irineu: De novos territórios.

Irineu: Uma coisa interessante é que quando você tem muitos territórios, muitas coisas assim, se torna inviável, né?

Elena: É verdade. Grandes populações, grandes territórios mesmo são mais difíceis de governar.

Irineu: É! Então Elena, continuando a nossa história, os holandeses perderam a guerra por causa de muitas coisas. Uma delas foi a desvalorização do açúcar.

Elena: Nossa! Açúcar se tornou menos importante do que era?

Irineu: Sim, com a desvalorização do açúcar ficou inviável para os holandeses conseguirem manter as colônias, né?

Elena: Ah sim, imagino. Fica mais difícil. O rendimento deles, era o principal investimento.

Irineu: Sim. E aí os holandeses foram expulsos pelos portugueses e falam que, na verdade, eles foram expulsos não só pelos portugueses, mas foram expulsos pelos negros, os senhores donos de escravos. Essa expulsão rendeu para os holandeses o que é equivalente hoje a 3 bilhões.

Elena: Nossa, então eles foram pagos por isso?

Irineu: Eles foram pagos o equivalente a 3 bilhões de reais hoje para devolver o nordeste.

Elena: Além de dinheiro, houve algum outro tipo de pagamento?

Irineu: Ah sim. Eles tinham algumas colônias na Índia, que eram parte do caminho marítimo para a venda do açúcar;

Elena: Sim.

Irineu: Que a Holanda também ordenou que eles dessem essas colônias conquistadas como parte da dívida também.

Elena: Ah sim. Receber territórios valia mais do que receber dinheiro, não é? Ouro ou o que fosse.

Irineu: Sim, é verdade. O que você faria se você tivesse R$ 3 bilhões hoje, Elena?

Elena: Nossa, eu nem sei. Acho que tudo que eu quisesse comprar, eu poderia.

Irineu: O que você compraria com R$ 3 bilhões?

Elena: Eu compraria um apartamento em Miami, uma casa no nordeste. Eu viajaria o mundo no meu aviãozinho. Aviãozinho é modéstia né, porque seria um aviãozão. Levaria minha família, meus amigos, todo mundo junto assim. Vamos passar todo mundo conhecendo o planeta. Bom né? Viajar é uma das melhores coisas. Você faria o que Irineu, com 3 bilhões de reais?

Irineu: Eu acredito que eu investiria o dinheiro, né?

Elena: Ah, um homem inteligente pensando economicamente.

Irineu: Eu só viveria do lucro dele.

Elena: Esse é o certo para ele não acabar né?

Irineu: É verdade!

Elena: Mas esse aí você pode deixar na poupança que ele já rende o suficiente. Não precisa se esforçar muito, não.

Irineu: Sim! Então, aí nós temos o Brasil holandês que foi cerca de 30 anos. De 1630 a 1654.

Elena: Olha, um bom tempo! E você acha que ficaram muitos holandeses ainda por aqui pelo Brasil?

Irineu: Elena, eu acho que sim! Pelo menos descendentes, né?

Elena: Brasil é mistura de raças, mistura de países.

Irineu: Sim, com certeza.

Elena: Todo mundo sabe isso também né. Não estou contando nenhuma novidade.

Irineu: Uhum, muito bem. Então Elena, espero que os ouvintes tenham aprendido muito com nosso podcast e nos vemos no próximo podcast.

Elena: É isso aí. Agora você conhece um pouquinho mais do Brasil e até o próximo podcast.

Irineu: OK. Obrigado. Tchau tchau, Elena.

Elena: Tchau tchau.

Tempo Livre & A Infância

Irineu: Bom dia, Elena!

Elena: Bom dia, Irineu! Está cansado hoje?

Irineu: Hoje eu não estou cansado Elena. E você?

Elena: Eu também estou super disposta, super feliz em gravar com você!

Irineu: Elena, o prazer é meu! Sempre é um prazer em falar com você aí no Brasil.

Elena: É isso aí, e hoje vamos falar sobre o quê?

Irineu: Hoje nós vamos falar sobre o tempo livre.

Elena: Olha, esse assunto me interessa hein, esse é um bom assunto.

Irineu: (Risos...) Com certeza! Todos nós gostamos de ter tempo livre. Elena, quanto tempo livre você tem por semana?

Elena: Eu tenho tempo livre aos sábados e domingos e diariamente após às 8 horas da noite.

Irineu: O que você geralmente faz no seu tempo livre?

Elena: Geralmente aproveito o meu tempo livre para ficar com a minha família, viajar, estar em contato com a natureza e descansar.

Irineu: Interessante Elena, o que faz aos fins de semana?

Elena: Gosto de aproveitar os fins de semana para passear com a minha família, sair com os amigos, ir ao parque, ao cinema ou passar tempo juntos assistindo TV.

Irineu: Muito bem. E com que frequência você vê os seus amigos?

Elena: Uma ou duas vezes por mês eu marco algum programa com meus amigos mais próximos.

Irineu: Muito bem. Que lugares você gosta de ir com os amigos?

Elena: Ah, eu adoro ir a restaurantes legais e conversar em barzinhos. Viajar para praia ou campo também é um programa maravilhoso na companhia de meus melhores amigos e claro, da minha família!

Irineu: Você pratica algum esporte?

Elena: Pratico natação e yoga. Reservo parte do meu tempo livre para fazer atividades físicas que sejam prazerosas e relaxantes.

Irineu: Quando foi a última vez que foi ao cinema?

Elena: Fui ao cinema com os meus amigos no último sábado à noite.

Irineu: Muito interessante Elena. Você vai à academia?

Elena: Sim. Às vezes gosto de fazer exercícios e cuidar do meu corpo e busco encontrar tempo e disposição para malhar.

Irineu: O que não gosta de fazer no tempo livre?

Elena: Ah, eu não gosto de usar meu tempo livre para resolver problemas ou burocracias chatas de algum sistema.

Irineu: Muito bem. Você gosta de navegar na internet/bater papo etc.?

Elena: Adoro bater papo e navegar na internet. É a minha atividade favorita desde os meus 10 anos de idade.

Irineu: Interessante! Agora vamos falar um pouco sobre a sua infância.

Elena: Ok.

Irineu: Quantos anos você tinha quando aprendeu a ler e escrever?

Elena: Eu era realmente muito pequena quando comecei a ler e escrever. Tinha 3 ou 4 anos de idade.

Irineu: Em que horário você estudava na primeira série?

Elena: Na primeira série o horário da minha aula era das 13h até às 18h

Irineu: Que horários você já estudou?

Elena: Estudei de tarde quando era bem pequena e também tive aulas de manhã e a noite.

Irineu: Você já reprovou de ano, Elena?

Elena: Não. Eu sempre fui uma menina estudiosa e nunca reprovei

Irineu: Você sempre fazia a sua lição de casa?

Elena: Na verdade nem sempre eu fazia a minha lição de casa quando estava na escola.

Irineu: Hum... Do que você brincava quando era criança com os seus amigos?

Elena: Ah...na minha infância eu adorava pular amarelinha, pular elástico e brincar de esconder.

Irineu: Quantos anos você tinha quando aprendeu a andar de bicicleta?

Elena: Não me lembro exatamente, mas acredito que eu tinha por volta de 5 anos de idade.

Irineu: De que cor foi a sua primeira bicicleta?

Elena: Isso me lembro muito bem! A minha primeira bicicleta era rosa

Irineu: Você caiu muitas vezes antes e depois de aprender a andar de bicicleta?

Elena: Caí inúmeras vezes tentando aprender a andar de bicicleta, mas depois que aprendi nunca mais caí.

Irineu: Hum..Você gostava de acordar cedo?

Elena: Sim, sempre preferi estudar de manhã.

Irineu: A que horas você tinha que acordar para se preparar para ir à escola?

Elena: Eu acordava 6 horas da manhã para começar a me arrumar para ir à escola.

Irineu: Quem te levava - Com quem você ia à escola ?

Elena: Minha mãe sempre me levava para a escola antes de ir trabalhar.

Irineu: Hum...Quanto tempo demorava para você chegar à escola da sua casa?

Elena: Eu morava em uma cidade pequena e a escola era perto de casa, demorava menos de 15 minutos.

Irineu: Quantas escolas diferentes você estudou?

Elena: Estudei em 2 escolas antes de entrar na faculdade. Na primeira fiquei até a 3ª série do ensino fundamental e na segunda estudei da 4ª série até o fim.

Irineu: O que você fazia nos intervalos na escola?

Elena: Eu gostava de brincar nos intervalos da escola, comer um lanchinho e conversar com as amigas.

Irineu: Que habilidades você acredita que desenvolveu na infância?

Elena: Acredito que a habilidade de se apresentar e falar em público desenvolvi na minha infância durante as aulas de teatro, música e práticas esportivas

Irineu: O que você queria ser quando crescer?

Elena: Quando eu era criança sonhava em ser astronauta ou cientista maluca.

Irineu: Quais eram as suas matérias escolares preferidas?

Elena: Amava história, português e matemática.

Irineu: Quais as matérias escolares que você detestava?

Elena: Nunca gostei de estudar física e nem geografia.

Irineu: Uhum, Então Elena, eu espero que os ouvintes tenham aprendido muito com nosso podcast, e nos vemos no próximo podcast.

Elena: É isso aí. Até o próximo podcast!

Irineu: Obrigado, tchau tchau, Elena.

Elena: Tchau tchau.

O Verão No Brasil

Irineu: Bom dia Elena, como vai?

Elena: Olá Irineu, eu vou muito bem e você, como vai?

Irineu: Muito bem, Elena!

Elena: Que bom! Hoje então nós vamos falar sobre as temperaturas extremas que estão acontecendo aqui no Brasil.

Irineu: Sim Elena, é verdade. O tempo está muito quente.

Elena: E já nos preparamos aqui para um verão de temperaturas extremas.

Irineu: É mesmo Elena? Conta para mim.

Elena: Olha, o próximo verão aqui no Brasil promete ser um dos mais insuportáveis de todos os tempos. Talvez a temperatura ultrapasse os 40 (quarenta) graus célsius por vários dias seguidos.

Irineu: Quarenta graus célsius?

Elena: Quarenta graus célsius. Existem alguns locais aqui no Brasil que são tradicionalmente ainda mais quentes, como por exemplo o Rio de Janeiro, Piauí e Tocantins. Você sabe Irineu, que os especialistas dizem que o mundo já está 0,8 (zero vírgula oito) graus célsius mais quente. E isso é por causa do aquecimento global que é provocado por nós mesmos, não cuidando do nosso meio ambiente.

Irineu: Uhum. Zero vírgula oito por cento mais quente?

Elena: Não. Zero vírgula oito graus Celsius.

Irineu: Ah... zero vírgula oito graus célsius mais quente.

Elena: É isso mesmo. Que absurdo, hein?

Irineu: E isso teria um efeito muito grande no clima, Elena?

Elena: Ah, com certeza. Porque com a temperatura mais quente a gente tem uma alteração nos oceanos, no derretimento das calotas polares e assim a gente aumenta o nível da água no planeta, então a longo prazo isso vai complicar bastante. Além de que nós prejudicamos todo o ecossistema, a natureza que depende de uma temperatura estável e está adaptada há muitos anos com isso.

Irineu: Hum, interessante isso!

Elena: Exatamente.

Irineu: Muito bem. E o que mais você aprendeu ao pesquisar sobre o assunto?

Elena: Então, as alterações climáticas não tem problema só em relação ao aumento de temperatura, mas em uma desregulagem que ocorre na frequência das chuvas. Então existem locais aqui no Brasil que tem muitas chuvas a ponto dos rios chegarem a transbordar como está acontecendo agora no Sul.

Irineu: Uhum. No sul do país?

Elena: No sul do país. A minha família é do sul então eu estou acompanhando direto. As barreiras que seguram a água lá no sul, estão quase ultrapassando o limite máximo, o que deixaria o centro de capitais de baixo d'água, como Porto Alegre, Florianópolis.

Irineu: Uhum.

Elena: Enquanto isso aqui no sudeste, onde eu estou, em São Paulo e no nordeste ocorre uma seca, então as plantações morrem, os animais acabam sofrendo muito também com essas secas. É muito grave isso que está acontecendo aqui no país e a gente já vê muito - no mundo inteiro também, né - mas aqui o calor vai ser demais.

Irineu: Minha nossa! Elena, eu também ouvi falar sobre o chamado El Niño, que são os fenômenos de alterações de curta duração - entre 15 a 18 meses - que tem uma elevação da temperatura muito significativa. Fale um pouco mais sobre isso Elena.

Elena: Então... o aumento das temperaturas no sudeste pode ser por conta também da influência do El Niño, mas ainda não dá para saber como será o regime de chuvas aqui. A gente não sabe como vai ficar.

Irineu: Uhum

Elena: Então, no último ano aqui em São Paulo a gente teve um problema grave de falta de água. A gente chegou a ter racionamento e foi prometido que, caso não chovesse, nós teríamos racionamento de 2 (dois) dias com água e 5 (cinco) sem. Imagina o que é isso em um país onde as pessoas tomam banho todos os dias, esbanjam água, não tem quase nenhum tipo de reaproveitamento de água, reutilização da água das chuvas.

Irineu: E Elena, aí onde você mora, teve racionamento de água?

Elena: Aqui em casa não chegou a faltar, mas as pessoas com quem eu convivo tinham que ter um horário fixo para tomar banho, ou as vezes não poderiam tomar banho.

Irineu: Interessante.

Elena: E isso aqui no Brasil é uma coisa muito complicada. As pessoas realmente tem que tomar banho todos os dias. Há uma super tendência para construção de poços artesianos aqui, inclusive se você quiser construir um poço artesiano hoje, você tem uma fila de espera de uns 2 (dois) anos.

Irineu: Nossa!

Elena: Sem contar o preço absurdo que está tudo isso. Mas muitos prédios estão fazendo poços agora.

Irineu: O que você faz aí no Brasil quando o verão se torna mais quente?

Elena: No Brasil a gente ainda não tem muita preparação para isso.

Irineu: Não?

Elena: E é exatamente isso uma questão que os climatologistas estão discutindo. Pela primeira vez o centro de operações da Prefeitura do Rio está se preparando de verdade para enfrentar essa onda de calor.

Irineu: E o que eles estão fazendo?

Elena: Eles estão colocando leitos extras em hospitais, estão colocando atendimentos de emergência e campanhas públicas educativas que incentivam a hidratação. São algumas das medidas do plano de ação. E as pessoas mais vulneráveis ao calor aqui são os idosos e os bebês porque o organismo deles tem menos capacidade de adaptação e defesa. Segundo os especialistas ainda, o maior problema do calor não é o pico de temperatura mais elevada, mesmo que mais de 40ºC (quarenta graus célsius). O grande risco é quando ao longo de pelo menos 3 (três dias) consecutivos, a temperatura máxima passa dos 36 (trinta e seis) e a mínima não caia abaixo dos 21 (vinte e um). Quando isso ocorre, o corpo não consegue se resfriar sozinho e tende ao superaquecimento, o que pode levar a problemas graves como paradas cardíacas e derrames.

Irineu: Hum, nossa Elena! Muito grave isso.

Elena: É muito grave! Sem contar nos lugares mais secos que as pessoas têm que tomar realmente muita água porque o clima aqui fica desértico.

Irineu: Elena, quando está muito quente o que você faz para se preparar?

Elena: Olha, sinceramente, aqui em casa eu ainda não tenho ar condicionado, então o jeito quando está muito calor, e a gente chega a não conseguir dormir por causa do calor, o jeito é tomar um banho gelado de 5 (cinco) minutos. E aí quando você sai do banho a sua temperatura baixou um pouquinho. Fora isso, não acontece.

Irineu: No sul do Brasil onde você morava era um pouco mais frio, né?

Elena: Você acredita que era mais quente?

Irineu: No verão é mais quente Elena?

Elena: No verão é mais quente. O sul do Brasil tem invernos e verões extremos.

Irineu: Humm

Elena: Extremos para o Brasil, né? No inverno chega a fazer no extremo 0 (zero) grau.

Irineu: Sim

Elena: No Rio Grande do Sul a umidade é extrema.

Irineu: Essa onda de calor aí é atribuída ao efeito El Niño, né?

Elena: Também é um dos motivos né. Todas estas questões que falamos influenciam no resultado que é o aquecimento global.

Irineu: Há algum jeito de mudar isso, de inverter o processo?

Elena: Não tem como Irineu. O jeito é a gente começar a cuidar do meio ambiente para que não piore ainda mais. Agora, consertar o que já foi feito, não tem.

Irineu: Consertar o que já foi bagunçado, né?

Elena: Exatamente. Nós precisamos aprender a conviver com a natureza e respeitá-la de acordo como ela é. A gente não pode destruir, abrir mão de verde, porque tudo isso desregula muito a temperatura.

Irineu: E por que o sudeste está sendo tão afetado pelo tempo? Você acha que é devido à poluição?

Elena: Sim. É devido à poluição, também devido ao desmatamento. Porque o desmatamento das florestas altera completamente a escala de chuvas. As florestas são importantes para gerar a umidade que vai subir e se transformar em chuva posteriormente.

Irineu: Sim

Elena: Então assim, a Amazônia é muito significativa aqui para a gente, porque se não existir a Amazônia provavelmente teremos seca até lá.

Irineu: Sim. E você falou também sobre a reutilização da água?

Elena: Sim, isso é muito importante. A gente precisa aprender a ser um pouco mais sustentável.

Irineu: Sim, para conseguir inverter o processo né Elena?

Elena: É verdade, porque deveria ser obrigatório todos os prédios, construções que estão surgindo agora ter no mínimo um reaproveitamento de água para utilizar nas privadas, nos banheiros e limpeza de áreas externas. E isso não tem aqui. As pessoas continuam lavando seus carros com água potável. Dando descarga com água potável.

Irineu: Que barbaridade, tchê!

Elena: É uma barbaridade.

Irineu: Muito bem, Elena o que mais você aprendeu sobre este tema?

Elena: Então, você sabe que na Europa, com a onda de calor que ocorreu em 2003, mais de 30 (trinta) mil pessoas morreram por conta do calor.

Irineu: 30 (trinta) mil pessoas?

Elena: 30 (trinta) mil pessoas!

Irineu: Nossa!

Elena: E as temperaturas foram de 3 (três) graus acima da média. E também na Europa não tem muitos locais com ar condicionado. Também não estão adaptadas ao calor, por isso sofrem mais.

Irineu: Mas também a Europa é muito conhecida pelo inverno rigoroso.

Elena: É verdade! Na Europa vocês têm um inverno que a gente aqui no Brasil nem conhece.

Irineu: Muito bem Elena! Então chegamos ao final do nosso podcast.

Elena: Muito bem. Espero que tenham gostado.

Irineu: E até mais no próximo podcast.

Elena: Até mais!

Irineu: Tchau tchau Elena, um bom dia para você!

Elena: Tchau, bom dia!

Viagens No Brasil E Pelo Mundo

Irineu: Bom dia, Elena!

Elena: Bom dia, Irineu!

Irineu: Elena, já arrumou as malas?

Elena: Que malas?

Irineu: (risos) Você vai viajar hoje Elena!

Elena: (risos) É mesmo? Me conta essa história.

Irineu: Sim Elena, hoje nós vamos falar sobre viagens.

Elena: Oba! Adoro viagens.

Irineu: Então vamos lá… Elena, você já viajou para o exterior?

Elena: Sim, eu já estive no exterior. Eu já viajei para os Estados Unidos da América e já viajei para a Argentina. Não sou tão viajada assim, e você?

Irineu: Muito bem. Eu conheço a Europa, os Estados Unidos, mas infelizmente nunca fui na Argentina.

Elena: A Argentina é muito legal, viu?!

Irineu: Me conta um pouco sobre a Argentina, Elena.

Elena: Olha, eu conheço especialmente Buenos Aires e os portenhos, que são os habitantes locais, são extremamente receptivos, simpáticos, adoráveis, além disso a cidade é maravilhosa! Os bairros mais conhecidos, os bairros mais turísticos são desenhados que parecem uma pintura. Os restaurantes também são muito bons por um preço super acessível para os brasileiros, para os europeus e americanos muito mais.

Irineu: Muito bem! Elena, quais partes do mundo você gostaria de visitar?

Elena: Eu gostaria de visitar o Egito.

Irineu: Por quê?

Elena: Adoro história antiga, adoro as pirâmides, a esfinge, gostaria muito de conhecer e acredito que os egípcios foram um povo muito evoluído.

Irineu: Sim, com certeza. E lá nos Estados Unidos, você teve alguma dificuldade em expressar-se em inglês?

Elena: Um pouco. Eu falo melhor espanhol do que inglês, então no começo falava em espanhol em Miami. A segunda vez fui para a Califórnia, também consegui falar em espanhol, mas já estava mais a vontade com o idioma e consegui conversar melhor. Isso claro, contando que tenho meu marido que fala fluente em inglês, então qualquer dúvida eu tirava com ele.

Irineu: Sim Elena, muito bem. E quanto tempo você ficou nessas viagens que você fez?

Elena: Por volta de 1 (uma) a 2 (duas) semanas, metade das férias. E você gosta de viajar?

Irineu: Então, aqui na Europa é mais fácil viajar, principalmente quem mora no Reino Unido tem a necessidade de viajar para tomar um pouco de sol. Eu já viajei para muito países diferentes aqui e o país que eu mais visitei foi a Espanha, onde já estive em Madri, em Barcelona, na Galícia, também nas Ilhas Mallorca e Minorca.

Elena: E como é a Espanha?

Irineu: A Espanha é um país interessante. Há muitas etnias diferentes dentro de um pequeno país e há muitas outras línguas que se fala na Espanha além do espanhol.

Elena: Entendi. E como são as praias da Espanha?

Irineu: Olha, as melhores praias da Espanha são as que estão nas Ilhas Canárias, nas Ilhas Mallorca e Minorca, porque são as praias mais quentes. Já estive em Barcelona, e próximo a Barcelona em outras partes, onde a água estava fria, porque o mar não é mar mediterrâneo em algumas partes, é o mar atlântico.

Elena: Nossa, detesto água fria. Falamos em viagens e eu não citei que fiz muitas viagens por dentro do Brasil. Hoje eu estou no sudeste, mas eu já visitei o norte, o nordeste, morei no sul. E o Brasil é muito diferente, é como se fossem países, porque é muito grande o país, então nós temos culturas diferentes, clima diferente e parece realmente que você está indo para outro lugar.

Irineu: Sim. O Brasil é um país muito grande, você pode colocar toda a Europa dentro do Brasil e ainda mais um pouquinho.

Elena: É verdade

Irineu: Então, eu também já estive na França, na Holanda, na Itália, em Portugal e aqui no Reino Unido também em todos os países como País de Gales, na Irlanda. Na Irlanda do norte eu nunca estive, mas na Irlanda mesmo estive no aeroporto e em Londres na Inglaterra também estive de passagem na Bélgica, em Bruxelas, em Amsterdã na Holanda e também nos Estados Unidos em Orlando na Flórida, onde eu fui por 1 (uma) semana.

Elena: Que legal! Que maravilha!

Irineu: Você já esteve no nordeste, me fala um pouco sobre as praias do nordeste.

Elena: Olha, no nordeste as águas são muito quentinhas. É o lugar que eu fui e encontrei as águas mais quentes. É maravilhoso! Além disso, as praias têm belezas naturais fenomenais. Há muitos locais intocados ainda pelos homens, onde encontramos muita vegetação natural em harmonia com a população frequentando as praias.

Irineu: Nossa!

Elena: As praias têm corais, tem peixes maravilhosos, que você pode mergulhar e observar, além da comida nordestina que é uma maravilha. É um caso a parte, é muito diferente, mas é muito gostosa.

Irineu: Que tipo de comida você comeu lá no nordeste?

Elena: Eu comi muitos peixes e frutos do mar, incluindo lagosta, polvo, tudo isso que o pessoal de lá pegava na hora e eu vi vivos ainda esses animais, então isso é muito gostoso. A base da comida deles é frutos do mar com um toque de pimenta e é muito comum eles utilizarem também o leite de coco para dar um sabor ainda mais especial aos alimentos.

Irineu: Nossa. Que tipo de comida você gosta de comer Elena?

Elena: Eu adoro frutos do mar, mas eu também gosto muito da típica comida brasileira. Arroz com feijão, carne, muita cebola, dizem que o brasileiro usa cebola em tudo, né. Eu realmente uso. Cebola para fazer feijão, cebola para fazer carne, cebola para fazer frango e muitas vezes salada de cebola.

Irineu: (Risos) Qual é cardápio de hoje? Olha, nós temos cebola, nós temos salada de cebola, torta de cebola, bife acebolado, suco de cebola.

Elena: Mas cebola é muito bom. Cebola dá um temperinho especial aos alimentos

Irineu: Agora Elena, quando você viaja você tem alguma preferência em climas? Você gosta de viajar para climas quentes ou climas frios?

Elena: Eu prefiro climas quentes. Eu acho que com o calor a gente tem mais oportunidade de conhecer os locais sem ficar encolhido tremendo de frio, e você?

Irineu: Eu gosto de visitar climas quentes porque eu gosto do sol.

Elena: Legal. Então você esta morando no lugar errado, ou não?

Irineu: Eu acho que sim, Elena.

Elena: Volta para o Brasil, Irineu!

Irineu: Sim, mas de qualquer forma Elena, o clima frio é muito mais fácil de se acomodar porque você só coloca uma roupa quente e aí está tudo bem.

Elena: Verdade. Mas você não aguenta ficar muito tempo ao ar livre né? No calor também não, a gente fica nos lugares fechados com ar condicionado. Mas você pode se refrescar em uma praia, em uma cachoeira ou no alto de uma montanha sentindo o vento te refrescar.

Irineu: Você já esteve num cruzeiro?

Elena: Não Irineu, isso é uma coisa que ainda preciso fazer na minha vida.

Irineu: Nós vamos fazer um mini cruzeiro agora no final do ano

Elena: Pra onde?

Irineu: Amsterdã.

Elena: Que legal, quero muito conhecer Amsterdã. No meu roteiro de viagem para a Europa é uma das principais cidades que quero conhecer.

Irineu: E como você se sente quando você viaja e volta, acaba a viagem e você volta para casa?

Elena: Olha, eu acho uma delícia viajar, mas voltar para casa é uma sensação indescritível de conforto, de aconchego, de estar de volta ao meu canto. É muito bom voltar para casa.

Irineu: Sim!

Elena: E você não acha muito bom chegar em casa depois de uma longa viagem?

Irineu: Sim. Agora quando viajo para outros países eu fico um pouco entediado já para voltar para casa.

Elena: Acho que você está ficando velho, hein?!

Irineu: Eu espero que não Elena, eu espero que eu esteja novo, mas fazer o quê? Quando você viaja você faz muitas compras?

Elena: Com certeza Irineu, esta é a melhor parte da viagem.

Irineu: (Risos..)

Elena: Meu marido que não gosta muito de me acompanhar, mas como estamos em um país diferente e a compra vai valer a pena então sempre acabo conseguindo conquistar essa discussão.

Irineu: Muito bem Elena! Então nosso podcast de hoje chegou ao fim, espero que nossos ouvintes tenham aprendido bastante sobre viagens e nos encontramos no próximo podcast.

Elena: Muito obrigada Irineu, nos encontramos no próximo podcast.

Irineu: Tchau!

Elena: Tchau!

A Internet

Irineu: Bom dia, Elena!

Elena: Bom dia Irineu, como vai você?

Irineu: Eu estou bem! E você como vai?

Elena: Muito bem, obrigada!

Irineu: Elena, vou fazer uma pergunta para você para começarmos: o que você faria se de repente acabasse a internet? Ou seja, você não conseguisse se conectar à internet?

Elena: Barbaridade, Irineu! Seria complicado, hein?! Difícil imaginar hoje a vida sem internet. Vou contar uma historinha: Na minha infância eu tinha um professor de história no colégio, na época ainda não tinha internet. Mas ele gostava de nos aplicar um exercício de imaginarmos o que faríamos se caísse uma bomba no planeta e fossemos os únicos sobreviventes. Como conseguiríamos a nossa comida? Como nos curaríamos de doenças simples e básicas? E nos relembrava que voltaríamos ao tempo de nossos avós em que utilizavam chás e ervas medicinais para tratar doenças comuns e o seu alimento era produzido no quintal de casa. E hoje, sem os supermercados e sem os enlatados, como iríamos não alimentar? Teríamos que reaprender sozinhos todo esse conhecimento de muitos anos que o homem foi adquirindo.

Irineu: Minha nossa!

Elena: Interessante pensar por esse lado não é?

Irineu: Sim.

Elena: Acordo e a primeira coisa que faço é entrar na internet, qualquer informação você procura na internet, qual tipo de contato é ou pelo celular, via internet, ou por e-mail.

Irineu: Sim.

Elena: Então é bem complicado. Acho que seria impossível assim... viver sem internet hoje em dia.

Irineu: Isso. Agora Elena, uma outra pergunta. Quando você vai visitar um parente, quanto tempo demora para você pedir a senha do wi-fi?

Elena: Nossa, já peço assim que chego para ver se tem alguma mensagem, algum whatsapp. Mas não só em algum parente, se eu vou em algum consultório médico, eu já tenho o wi-fi cadastrado lá do meu médico como entrar automático, se eu vou em alguma praça de alimentação já estou também conectada.

Irineu: (risos...) Muito bem! Agora Elena, você sabia que 99% dos dados internacionais da internet são transmitidos por fios no fundo do oceano?

Elena: É mesmo? Seria a fibra ótica?

Irineu: Sim Elena, muitas vezes a gente pensa que a internet está em todo lado, mas na verdade a internet está no fundo do mar.

Elena: É. Ela ultrapassa todos os continentes pelo fundo do mar.

Irineu: Sim. E os cabos são instalados por barcos especiais chamados Cable Layers.

Elena: Deve ser uma mega operação. Não é fácil fazer uma fibra ótica por baixo de todo oceano, atravessando continentes.

Irineu: Sim. E eles tem que tomar cuidado para evitar recifes de corais, também evitar navios afundados, ninhos de desova de peixes e outros habitats ecológicos.

Elena: É, tem que ter cuidado e respeitar o que está no caminho.

Irineu: Isso é verdade. E o diâmetro de um cabo nas águas rasas é aproximadamente o mesmo do diâmetro de uma lata de refrigerante.

Elena: Nossa, tão pequeno! Achei que seria um super cabo.

Irineu: Não, agora o cabo nas águas profundas são muito mais finos, do tamanho de um marcador.

Elena: Impressionante!

Irineu: E a diferença está relacionada a uma simples questão: Por exemplo, a 8 mil pés a baixo do nível do mar não acontece muitas coisas por lá, agora nas águas rasa, eles são enterrados usando jatos de água de alta pressão e custa milhões de dólares.

Elena: Nossa que interessante. É uma super tecnologia.

Irineu: E por quê as perguntas no começo do podcast.

Elena: Será que estariam em risco esses cabos no fundo do mar?

Irineu: Isso.

Elena: Aí é perigoso hein!

Irineu: Os Estados Unidos temem que a Rússia esteja desenvolvendo planos para cortar as redes de internet do mundo inteiro.

Elena: Minha nossa, já pensou se acontece isso mesmo, hein? E porque eles estão desconfiados que a Rússia esteja fazendo isso?

Irineu: Ah porque talvez seja um plano de alguma guerra futura que eles estejam planejando.

Elena: Sim, mas encontraram algum indício?

Irineu: Sim, segundo fontes militares ouvidas recentemente pelo jornal The New York Times que eles falaram sobre a preocupação e o aumento das atividades navais Russa perto de importantes partes onde tem cabos submarinos.

Elena: Olha só, então eles estão monitorando atividades suspeitas. É muito mais perigoso do que uma simples ideia de que poderia acontecer alguma coisa.

Irineu: Sim, eles estão olhando, observando os lugares onde os cabos estejam mais vulneráveis para que eles possam ter uma ideia se eles vierem a cortar os cabos onde eles irão cortar.

Elena: Será que eles estariam mesmo investigando mesmo uma maneira de cortar esses cabos?

Irineu: Ah, muitos analistas reconhecem a ameaça e há muito tempo, segundo outras fontes, que já descobriram que eles estão realmente interessados nessa atividade.

Elena: Poxa vida!

Irineu: Agora, você sabia que o Brasil quer criar um cabo submarino do Brasil até Portugal sem ter a necessidade de passar pelos Estados Unidos ou ter qualquer coisa relacionada com as empresas americanas.

Elena: Interessante.

Irineu: Sabe por quê o Brasil quer colocar esse cabo?

Elena: Por quê?

Irineu: Porque você se lembra do Edward Snowden, aquele americano que denunciou os Estados Unidos por espionagem?

Elena: Sei, sei, que tinha um site o…. esqueci o nome.

Irineu: Wikileaks.

Elena: Exatamente! Wikileaks.

Irineu: Então, esse profissional da NSA, que é a agência nacional de segurança nos Estados Unidos, ele falou pelos relatórios que ele divulgou que os americanos estavam espionando as autoridades brasileiras, incluso a presidente do Brasil, a Dilma Rousseff.

Elena: É verdade eu me lembro disso, hein. E foi bem tenso na época que descobriram que tinha espionagem. É complicado quando um país espiona o outro, não é? Até mesmo a presidente parece uma falta de respeito, de consideração com o país.

Irineu: Com certeza.

Elena: É verdade

Irineu: Agora não sabemos em quem acreditar, se é nos russos ou nos americanos. Porque todos eles tem essas atividades de espionagem.

Elena: É verdade. Todo mundo espiona, né?

Irineu: Sim. E alguns países desenvolveram a capacidade para intervir em cabos de locações submarinas.

Elena: Como assim intervir nos cabos?

Irineu: Ah os Estados Unidos já fazem isso há muito tempo.

Elena: De que maneiras eles intervêm?

Irineu: Eles tem acesso a esses cabos e eles sabem como utilizá-los, sabem como cortá-los se precisar.

Elena: Mas não fazem de fato?

Irineu: É eles não fazem, eles procuram mais a parte da espionagem mesmo.

Elena: Primeiro passo, né? Agora o futuro não sabemos o que pode acontecer

Irineu: Cortar a conexão por completo seria uma coisa muito séria.

Elena: Seria. Nossa sociedade online não resistiria a esse impacto. As crianças já nascem sabendo mexer no computador, são muito pequenas, já estão ligados. E todo mercado de trabalho funciona em função disso. O que você acha que acontece por lá Irineu?

Irineu: Eu acredito Elena que eles estejam observando como eu falei anteriormente.

Elena: Espionando mesmo.

Irineu: Espionando mesmo. E assim que eles tiverem a oportunidade de cortar os cabos, eles vão lá e cortam os cabos e deixa a coisa rolar, né. Muito bem Elena, chegamos ao final do nosso podcast e eu espero que nossos ouvintes tenham aprendido um pouco mais sobre a internet e também sobre o que aconteceria se não tivesse a internet no mundo como é hoje. Você tem alguma coisa mais para falar?

Elena: Também espero que nossos ouvintes tenham curtido o nosso bate papo e até a próxima.

Irineu: Até a próxima Elena. Tchau tchau!

Elena: Tchau!

Ao Acordar

Elena: Bom dia, Irineu! Tudo bem por ai?

Irineu: Bom dia, Elena! Tudo bem? Hoje Elena, nós temos aqui conosco o Rômulo! Bom dia, Rômulo!

Rômulo: Bom dia!

Elena: Bom dia, Rômulo!

Rômulo: Bom dia!

Elena: É isso ai! Hoje vamos falar sobre o que?

Irineu: Então Elena, hoje nós vamos falar sobre ao acordar.

E o diferente de hoje é que o Rômulo que vai fazer as perguntas para nos ok?

Elena: É isso aí!

Irineu: Então, está preparada?

Elena: Sim!

Irineu: Vamos lá! Romulo pode começar a pergunta para nós.

Rômulo: A que horas você acorda todos os dias?

Irineu: Eu geralmente acordo às sete e meia da manhã, de segunda à sexta-feira. Aos fins de semana eu acordo um pouco mais tarde.

Elena: Geralmente acordo às 7 horas da manhã durante os dias da semana e às 9 horas nos finais de semana.

Rômulo: Você programa o despertador para despertar?

Irineu: De segunda à sexta eu programo o despertador para me despertar, porque se não eu não acordo.

Elena: Sim, todos os dias antes de dormir eu programo o meu despertador para o dia seguinte.

Rômulo: Você se levanta quando acorda ou aperta o botão de soneca para mais 5 minutos?

Irineu: Ah, Eu desligo o alarme do despertador, mas eu não me levanto. Fico na cama mais uns 15 minutos.

Elena: Às vezes levanto assim que o despertador toca, mas os dias que estou com muito sono utilizo até 3 vezes o botão soneca.

Rômulo: Você boceja e se espreguiça na cama?

Irineu: Hum, Eu não percebo não, mas com certeza eu devo pelo menos bocejar.

Elena: Eu acho que para acordar animado e disposto todos os dias é preciso se espreguiçar e bocejar bastante antes de levantar.

Rômulo: Você faz suas orações ao se levantar?

Irineu: Sim eu sempre faço as minhas orações, funciona como uma meditação para encarar o dia.

Elena: Sempre! É a primeira coisa que faço todos os dias.

Rômulo: Você arruma a cama quando se levanta?

Irineu: Eu não arrumo a cama imediatamente. Em geral depois do café da manhã, é que eu vou arrumar a cama.

Elena: Para falar a verdade, arrumo a cama apenas quando estou com tempo sobrando pela manhã.

Rômulo: Você acha importante arrumar a cama quando se levanta?

Irineu: Ah, eu acho que sim, porque o quarto fica mais organizado e já é uma preocupação a menos durante o dia.

Elena: Não, acho que é besteira querer deixar a cama sempre arruma porque quando deitar vai bagunçar tudo de novo.

Rômulo: Você estica e dobra as roupas de cama?

Irineu: Sim, ao arrumar a cama, eu estico o lençol e o edredom, afofo os travesseiros também.

Elena: Apenas antes de dormir e ao trocar o jogo de lençóis.

Rômulo: Com que frequência você troca as roupas de cama?

Irineu: Eu troco as roupas de cama semanalmente, todas às sextas-feiras para ser exato.

Elena: Uma vez por semana costumo trocar toda a roupa de cama. Prefiro fazer a troca aos domingos ou às sextas-feiras.

Rômulo: Como é o seu colchão?

Irineu: O meu colchão e do tipo ortopédico, muito macio e confortável.

Elena: O meu colchão é de molas e o modelo é Queen Size.

Rômulo: Você tem problemas musculares?

Irineu: Felizmente, eu não tenho nenhum problema muscular, mas algumas vezes quando durmo de mal jeito, eu acordo com alguma dor, principalmente no pescoço.

Elena: Não tenho nenhum problema muscular.

Rômulo: Você dorme confortável todas as noites?

Irineu: Eu acredito que sim, eu tenho o sono pesado. Deito, durmo e acordo no outro dia.

Elena: Sim, durmo confortavelmente todas as noites.

Rômulo: Você acende as luzes quando se levanta?

Irineu: Em geral sim, uma vez que as cortinas estão fechadas.

Elena: Quando levanto da cama vou andando e acendendo todas as luzes dos cômodos da minha casa.

Rômulo: Você calça seus chinelos ao se levantar?

Irineu: Não preciso, já que no meu quarto o chão é forrado com carpete. Mas calço os chinelos quando vou ao banheiro, né?.

Elena: Sim! Eu sempre calço os chinelos ao levantar da cama.

Rômulo: Você apaga as luzes ao sair do quarto?

Irineu: Apago, mas só quando saio definitivo do quarto. Quando vou para a sala. Quando vou ou para a sala ou para a cozinha. Ok?

Elena: Quando me lembro, costumo apagar a luz do quarto ao sair.

Irineu: Então o nosso Podcast hoje chegou ao fim! Muito obrigado para vocês, obrigado a Elena, obrigado Rômulo por participar deste Podcast.

Rômulo: Muito obrigado, bom dia para você também, até mais!

Elena: Até a próxima Irineu, tchau!

A Rotina Diária

Irineu: Bom dia, Elena!

Elena: Bom dia, Irineu! Tudo bem?

Irineu: Como vai, Elena?

Elena: Vou bem, obrigada e você como vai?

Irineu: Estou Cansado! Muito trabalho por aqui.

Elena: Também estou com sono! Hoje é sexta-feira e mal posso esperar pelo fim de semana. Irineu está pronto para o nosso bate-papo de hoje?

Irineu: Estou prontíssimo!

Elena: Hoje vamos falar sobre a sua rotina diária, hein? Irineu a que horas você vai ao trabalho?

Irineu: Eu geralmente vou para o trabalho às 9 horas da manhã.

Elena: Como você vai ao trabalho? Que transportes usa?

Irineu: Olha, Elena! Na maioria das vezes, eu vou para o trabalho de carro, mas às vezes eu vou de ônibus ou de trem.

Elena: A que horas chega ao trabalho?

Irineu: Eu frequentemente chego ao trabalho às 9 e meia.

Elena: Sim! E onde você trabalha?

Irineu: Eu trabalho na empresa De Oliveira Languages.

Elena: Quanto tempo faz que você trabalha nessa empresa?

Irineu: Eu já trabalho na De Oliveira Languages há 10 anos.

Elena: Quantas horas você trabalha por semana?

Irineu: Eu em geral trabalho 50 horas por semana.

Elena: Qual é o seu horário de trabalho?

Irineu: Eu trabalho das 10h00 da manhã às oito horas da noite.

Elena: Hum... E a que horas você costuma fazer um intervalo para o almoço?

Irineu: Eu faço um intervalo para o almoço à 1 hora da tarde.

Elena: O que você geralmente come e bebe no seu almoço?

Irineu: Em geral eu como: Arroz, frango, batata frita e salada de tomate, pepino e alface.

Elena: Com quem você almoça, Irineu?

Irineu: Eu almoço com os meus colegas de trabalho, Elena!

Elena: A que horas você encerra suas atividades no trabalho?

Irineu: Eu geralmente encerro as minhas atividades às oito da noite.

Elena: Você geralmente faz horas extras?

Irineu: Normalmente não, só quando preciso.

Elena: O que você faz assim que chega em casa?

Irineu: Quando eu chego em casa, eu tiro a roupa e vou tomar banho. Depois, vou pra sala bater papo com a família.

Elena: Você e a sua família geralmente se sentam para jantar?

Irineu: Sentamos sim. Na maioria das vezes, comemos juntos.

Elena: A que horas vocês geralmente jantam?

Irineu: Jantamos às 9 horas da noite. Claro que algumas vezes jantamos às sete horas da noite.

Elena: Sim, depende da fome!

Irineu: Isso mesmo, Elena.

Elena: A que horas você geralmente vai para cama?

Irineu: Eu vou para cama por volta das 11 e meia, meia noite.

Elena: Você navega na internet à noite?

Irineu: Navego sim, quase sempre.

Elena: E você lê antes de ir dormir?

Irineu: Não costumo ler antes de dormir não.

Elena: E quando você lê o que geralmente lê?

Irineu: Eu geralmente leio livros de autoajuda.

Elena: Quantas horas você dorme por noite?

Irineu: Eu durmo em geral entre 8 à 9 horas por noite.

Elena: Muito legal, Irineu! Agora nós sabemos um pouquinho mais sobre você. O programa de hoje terminou e até a próxima Irineu, Tchau!

Irineu: Até a próxima Elena, Tchau!

A Fórmula De Buscas Do Google

Irineu: Bom dia Elena

Elena: Bom dia Irineu, tudo bem por aí?

Irineu: Tudo bem Elena e você? Como está aí em São Paulo?

Elena: Estou bem, tudo bem por aqui também.

Irineu: Está frio ou está quente?

Elena: Está calor. Estamos em pleno verão aqui. Até temos umas mudanças de temperatura repentinas, alguns dias chove e esfria, mas é um frio de 18 ºC (dezoito graus célsius).

Irineu: Minha nossa Elena!

Elena: Mas vai de 18 (dezoito) para 35 (trinta e cinco) graus. É uma mudança bem extrema.

Irineu: Sim!

Irineu: Então Elena, hoje você vai ser a apresentadora do programa.

Elena: Isso aí, hoje eu vou contar como é que um matemático inventou a fórmula de buscas usada pelo Google.

Irineu: Sim! Estou ansioso para escutar.

Elena: É muito interessante também viu Irineu?! Você sabia que cada vez que você faz uma busca simples no Google você está utilizando princípios de lógica que foram concebido ha mais de 150 (cento e cinquenta) anos?

Irineu: Mais de 150 (cento e cinquenta) anos?

Elena: Sim! Foi o matemático britânico George Boole que inventou um sistema de álgebra, que é a chave para a programação até hoje. E o George Boole viveu de 1815 (mil oitocentos e quinze) a 1864 (mil oitocentos e sessenta e quatro), 150 (cento e cinquenta) anos atrás.

Irineu: Nossa! Então se você vai fazer uma pesquisa no Google, você tem que "boolar" o Google.

Elena (risos...)

Irineu: Ah por isso que o Google se chama Google?

Elena: Exatamente! É uma homenagem a Boole. Inclusive o Boole foi homenageado na ocasião do 200º (ducentésimo) aniversário de seu nascimento com o Google Doodle que é uma versão modificada do logotipo na página da empresa. E eles costumam fazer essas homenagens muito frequentemente. E no aniversário do George Boole foi utilizado uma homenagem, um logotipo animado ilustrando as portas lógicas que são usadas em computação e derivam de funções booleanas.

Irineu: Minha nossa, então esse homem foi importante mesmo!

Elena: Esse homem foi realmente importante. O nome Google é inspirado em George Boole. Álgebra de Boole, ou álgebra booleana, é uma estrutura algébrica que esquematiza as funções lógicas e está presente em todas as partes, desde programação simples de vídeo games até códigos de aplicativos e programas de computador que usamos atualmente.

Irineu: Nossa Elena, é interessante isso, porque quando se pensa em informática, geralmente pensamos que a informática é coisa que tem acontecido, digamos assim, 20 (vinte) anos atrás.

Elena: Exatamente.

Irineu: Mas você está falando aí que aconteceu há mais de 150 anos essa descoberta?

Elena: Exatamente Irineu, é uma descoberta antiga que é utilizada até os dias atuais.

Irineu: Então, e uma coisa que eu sei sobre a internet ou sobre computadores é que tudo é baseado em 0 ou 1.

Elena: Exatamente, você não tem como escapar do operador booleano, que acontece da seguinte maneira: as portas lógicas mais básicas são, na linguagem original de Boole, E, OU e NÃO. Do inglês, seria AND, OR and NOT. E essas 3 (três) portas podem se combinar para criar enunciados mais complexos. Deste modo, quando buscamos na internet por duas palavras compostas como por exemplo São Paulo, há um uso implícito da lógica booleana do comando E para combinar as palavras São e Paulo.

Irineu: Uau que interessante isso, hein?!

Elena: Antigamente era muito comum utilizar os comandos E, OU e NÃO para filtrar e encontrar resultados do Google mais facilmente. Hoje os avanços da tecnologia já permitem que isso seja feito automaticamente e você não precisa mais utilizar, mas algumas pessoas do princípio da internet continuam utilizando esses conceitos.

Irineu: Elena, então eu sou da época moderna porque eu não me lembro desse OU, NÃO, SIM e tal. Você se lembra disso?

Elena: Eu também não. Desde que comecei a utilizar a internet sempre coloco as duas palavras, mas também eu comecei a usar internet o quê...? Uns 18 anos atrás. Quando eu comecei a usar só tinha DOS, não tinha Windows.

Irineu: Então você é das antigas Elena?

Elena: Aqui no Brasil, né, mas fora do país deve ter sido utilizada muito antes de chegar aqui, como tudo.

Irineu: Sim, no Brasil tudo chega depois de tudo. Na verdade agora, acredito que agora está chegando mais rápido, mas antes nós éramos um país rural, ou seja, só conhecíamos sobre café e leite.

É verdade! Graças a globalização Irineu, nós conseguimos ter acesso muito mais rápido e prático às novidades que temos mundo afora. E isso acontece no mundo né, a conexão das informações é uma coisa muito rápida.

Irineu: É verdade!

Elena: E olha só Irineu, o George Boole morreu há 150 anos, aos 49 anos de idade e, antes de ele morrer, ele disse a um amigo que a lógica booleana poderia ser a contribuição mais valiosa, se não a única, que ele fez e gostaria de ser lembrado por isso. E ainda dizia "se é que serei lembrado...". Mas assim aconteceu, ele é lembrado até hoje como criador da lógica utilizada na maioria das programações modernas.

Irineu: Minha nossa! Interessante esses visionários que tem uma visão do futuro no qual atuam, né,? É muito interessante isso.

Elena: É verdade!

Irineu: Você gosta da informática, Elena?

Elena: Eu gosto, acho que ela faz parte da vida hoje.

Irineu: É muito importante também deixar uma contribuição para a humanidade.

Elena: Com certeza. É algo que todo ser humano gostaria de fazer. Não levar a vida em vão. Deixar o seu nome marcado para a história.

Irineu: Sim, porque viver e ser lembrado. É uma das coisas que muitas pessoas querem, né? O interessante também é lembrarmos, Elena, que essa época de 1800 (mil e oitocentos) e tal foi a época da explosão do iluminismo, quando as pessoas estavam fazendo novas descobertas.

Elena: É verdade.

Irineu: O auge das invenções, de todos os conceitos que nós usamos na ciência moderna foi inventado nessa época aí, na época de 1800 (mil e oitocentos) e bolinhas...

Elena: Uma época marcada por isso.

Irineu: Sim. Você conhece algum cientista?

Elena: A única cientista que conheço é a minha mãe.

Irineu: Em que área ela trabalha?

Elena: Minha mãe é cientista de biologia. Ela é uma bióloga que trabalha com madeira fóssil, especialista em madeiras.

Irineu: Interessante. Por isso você gostaria de ser cientista maluca quando você era pequena?

Elena: (risos) Deve ser. Mas acho que era mais pelos desenhos, histórias em quadrinhos que tinha os cientistas malucos.

Irineu: Eu lembro que o primeiro livro que eu li em inglês chamava *Professor Umbrela*. Era um cientista maluco.

Elena: Você me lembrou agora o Professor Bugiganga. Você lembra do professor bugiganga?

Irineu: Me lembro sim. Professor maluco também.

Elena: Ele tinha um guarda-chuva que voava

Irineu: Sim. Que barbaridade, tchê!

Elena: Mas bah!

Irineu: Muito bem Elena, chegamos ao final do nosso podcast e espero que os ouvintes tenham aprendido muito com o nosso podcast, e nos vemos no próximo podcast.

Elena: É isso aí, até o próximo podcast.

Irineu: Obrigado e tchau Elena.

Elena: Tchau.

Empreendedorismo

Irineu : Olá Elena, bom dia!

Elena : Olá Irineu, um ótimo dia para você. Como vai?

Irineu : Elena, aqui tudo bem. Que frio que está fazendo aqui no Reino Unido.

Elena : É mesmo? Está no alto inverno aí?

Irineu : Sim, aqui estamos no inverno. Então Elena, do que nós vamos falar hoje?

Elena : Hoje nós vamos falar sobre negócios. Sobre empreendedorismo, sobre o negócios. Você gosta desse assunto Irineu?

Irineu : Sim Elena, eu gosto. Porque eu faço isso né, da vida.

Elena : Que bacana, e o que você faz?

Irineu : Então, eu dou aulas via internet, eu também tenho meus blogs, meus websites. Também tenho escrevo livros, livros de instrução de idiomas e também sou uma pessoa apaixonada por investimentos. Eu leio muitos blogs sobre investimentos Eu também sou muito interessada em multiplicar o dinheiro que eu ganho.

Elena : Você tem alguma dica para dar aos nossos ouvintes de como eles podem se tornar empreendedores também e desenvolver seu negócios de aumentar e seu faturamento mensal?

Irineu : Sim. Elena, eu acredito que a melhor maneira de uma pessoa ser empreendedor/empreendedora ou investidor/investidora é começar com aquilo que a pessoa entende. Por exemplo, investir na Bolsa ou Mercado de Ações é uma ótima ideia? É. Mas você precisa entender então se você entende, invista. Se não, não invista. Se você por exemplo é uma jornalista e você escreve matérias sobre produtos outras coisas para empresas. Porque não fazer algo semelhante para você mesma nas horas vagas, como criar um blog, escrever um e-book ou fazer vídeos tutoriais?

Elena : Isso se torna ainda mais evidente na era da informação, Irineu.

Irineu : Sim. Se torna mais evidente na era da informação.

Elena : O que você acha que as condições atuais de mercado favorecem o empreendedorismo?

Irineu : Hoje como nunca nós temos um mercado mundial, antigamente nós pensarmos o mercado local. Por exemplo, vou ser professor, vou procurar as pessoas aqui perto da minha casa, a nível cidade e vou ensinar para aquelas pessoas. Hoje em dia, por exemplo, eu ensino para pessoas em todos os lugares do mundo! Todas as regiões do mundo. Tenho alunos no Brasil, aqui no Reino Unido, nos Estados Unidos, na Espanha e em países que eu nunca pensei, por exemplo Dubai ou Ruanda na África.

Elena : Nossa!

Irineu : Então, o mercado hoje é mundial. E também quando você por exemplo tem um blog, esse blog pode ser acessado em todos os lugares do mundo.

Elena : Quando você tem essa globalização, você aumenta seus ganhos de uma maneira impressionante!

Irineu : Sim, por quê? Porque você não está concentrado na economia local, você está concentrado na economia global. O que acontece muito, por exemplo, quando as pessoas fazem um trabalho local, esse trabalho vai ser tão bem sucedido como está a economia local. Quando a economia local não está bem, o trabalho dele também não está bem. Então, quando é um trabalho na rede mundial de computadores isso muda por quê? O mundo inteiro não está em crise, algumas partes estão, mas sempre vai ter alguns lugares que estão melhores do que os outros.

Elena : É sim Irineu. Isso é ter o mundo em suas mãos.

Irineu : Sim. Eu vou dar um exemplo, eu mesmo pessoalmente. Quando eu tinha 19 anos, eu pensei comigo mesmo: "O que eu faço no Brasil pra ganhar dinheiro? Trabalhar né?! Procurar um emprego e tal. Mas que tipo de emprego? Então eu sempre gostei de línguas, sempre gostei de inglês, sempre gostei de falar outros idiomas. Por que não utilizar esses idiomas para ensinar? Então eu fui procurar me aperfeiçoar no idioma inglês e cheguei a um ponto onde eu pude começar a ensinar meus amigos já, ganhar meu próprio dinheiro ensinando amigos e tal. E depois eu percebi que isso se tornaria um negócio para mim. Comecei a dar aulas na escola, aulas particulares. Então foi desse momento quando eu descobri o que eu mais gostava de fazer, o que eu mais fazia de melhor que eu comecei investir. E esse investimento é investir em você e no seu conhecimento. Eu não procurei coisas que eu não sabia, por exemplo, eu não vou procurar trabalhar em algo que eu não goste.

Elena : Tá certo. E você acha que as pessoas que tem outros conhecimentos, que não é um idioma para ensinar, também tem essa oportunidade ensinar, de compartilhar o conhecimento e acabar tendo um retorno financeiro por isso?

Irineu : Sim Elena, hoje em dia é possível. Todo mundo, você que está me escutando aqui agora nesse podcast. Todas as pessoas que tem uma vocação, algo que ele possa transmitir de conhecimento para outra pessoa, ou de serviço, ele pode comercializar isso num blog, pode escrever um blog ou pode até mesmo divulgar seu trabalho na internet, no youtube. Por exemplo, eu vou te dar um exemplo aqui. Hoje, no YouTube existe um americano, um rapaz americano que ele ganha, eu acredito que seja dois ou três milhões de dólares por ano, jogando videogame e depois transmitindo esse conteúdo no YouTube.

Elena : Olha só, que bacana!

Irineu : Então é um exemplo que ele não está ensinando ninguém nada, a não ser a distração do videogame.

Elena : Sim, e veja bem Irineu. Existem muitas coisas que nós podemos ensinar que tem alguém do outro lado do mundo querendo aprender. Como por exemplo eu sei plantar minha horta em casa, eu posso ensinar. Se você sabe cozinhar um prato especial para o jantar em família, você pode ter certeza que outra pessoa vai gostar de aprender fazer esse prato também.

Irineu : Sim Elena, por exemplo você falou na horta aí. Tem muitas pessoas que querem começar fazer uma horta, mas não sabe como começar. Então se você fizer um tutorial por exemplo, e colocar no Youtube, como plantar uma horta, como cultivar uma horta mesmo com espaços pequenos, depois escreve um e-book, você vai conseguir um público. Então a primeira coisa, a primeira dica é crie algo, crie um produto ou serviço, ou um blog. Porque é praticamente assim. Elena, você gosta de churrasco?

Elena : Sim.

Irineu : Você me convidaria para churrasco pra lugar nenhum?

Elena : Hum, difícil.

Irineu : Então a primeira coisa que você precisa ter é um local onde você vai fazer um churrasco?

Elena : Com certeza. Então ó pessoal, fiquem de olho! Você precisa ter o seu ponto de acesso, precisa ter o seu endereço, seja virtual ou não.

Irineu : Sim. Essa é a primeira coisa a fazer. Depois disso você acrescenta conteúdo. É muito difícil hoje em dia você atrair leitores para seu blog, ou você ser requisitado, se você não tiver conteúdo. Se as pessoas entram no seu blog mas não tem nada de conteúdo.

Elena : É verdade.

Irineu : Então é muito importante que você possa postar regularmente ou gravar vídeos para que você possa compartilhar os conhecimentos. Esse é o lema.

Elena : Compartilhe os seus conhecimentos. Esse é o lema. Com certeza isso é muito importante. Então juntando os pontos, nós precisamos saber que aquilo que nós temos, vai ser útil pra outra pessoa. Então ensine aquilo que você sabe. Certo? Segundo ponto, tenha um local para ser encontrado. Apresente-se e exponha que aquilo que você já fez. Mostre aquilo que você tem de conhecimento. Tem mais algum ponto super importante que as pessoas devem prestar atenção?

Irineu : Produza conteúdo.

Elena : E aos poucos você vai construindo o seu nome cada vez mais, né Irineu?! Devagarinho você vai se tornando uma pessoa conhecida na internet ou até mesmo pessoalmente.

Irineu : Sim. É importante que as pessoas te conheçam, porque se você não for conhecido, ninguém vai lembrar de você.

Elena : Muito bem Irineu. Com essas dicas, qualquer um pode ser empreendedor. Basta você querer e tentar.

Irineu : Sim. Com certeza. Elena, muito obrigado por esse podcast e nos falamos no próximo podcast.

Elena : Até o próximo podcast. Tchau!

Irineu: Tchau, tchau!

To listen to the audio that accompanies this booklet
Please go to
http://theportugueseteacher.co.uk/podcasts/

Printed in Great Britain
by Amazon

78660350R00029